Um presente para:

De:

# A ARTE DE SER FELIZ SEM SAIR DO LUGAR

## Aprenda a amar a vida como ela é

Maurice Fullard Smith

Tradução de
Emirson Justino

THOMAS NELSON BRASIL

Rio de Janeiro
2007

Título original
*This is it — The art of happily going nowhere*



**Supervisão editorial**
Nataniel dos Santos Gomes
**Assistente editorial**
Clarisse de Athayde Costa Cintra
**Tradução**
Emirson Justino
**Copidesque**
Noemí Lucília Soares Ferreira
**Revisão**
Margarida Seltmann / Magda de Oliveira Cascardo / Cristina Loureiro de Sá
**Capa, projeto gráfico e diagramação**
Valter Botosso Jr.
**Imagens do miolo**
Stockxpert, exceto a da página 40, de Lima Andruška
**Imagem da capa**
Concepción Aranega Molina

CIP-BRASIL. CATALOGAÇÃO NA FONTE
SINDICATO NACIONAL DOS EDITORES DE LIVROS, RJ

---

S647a Smith, Maurice Fullard
A arte de ser feliz sem sair do lugar/Maurice Fullard Smith; tradução de Emirson Justino. - Rio de Janeiro: Thomas Nelson Brasil, 2007.

Tradução de: This is it
Inclui bibliografia
ISBN 978-85-603-036-01

1. Pensamento novo. 2. Vida espiritual. I. Título.

07-3696. CDD: 289.98
CDU: 289.98
28.09.07 28.09.07 003688

---


Rua Nova Jerusalém, 345 – Bonsucesso
Rio de Janeiro – RJ – CEP 21402-325
Tel.: (21) 3882-8200 – Fax: (21) 3882-8212 / 3882-8313
www.thomasnelson.com.br

# SUMÁRIO

# AGRADECIMENTOS

Meus agradecimentos a George Tarleton, por indicar-me a direção certa; a Alan Haldan, pela inspiração contínua; a Bridget Boyle, pelos ilimitados conselhos, ajuda e assistência prática; e a Brendan Walsh, por ver tanto potencial no manuscrito.

Em minha prolongada viagem rumo à iluminação, devo muito à minha família e a muitos amigos por sua paciência e por compreenderem meu estado mental e emocional oscilantes. Quero também agradecer os consideráveis *insights* transformadores recebidos por meio dos textos de Anthony de Mello e de Eckhart Tolle.

Finalmente, eu gostaria de agradecer àqueles que nos apoiaram e que não gostariam de ser citados por terem acreditado em Eileen e em mim quando muitos outros não conseguiam entender o caminho que estávamos trilhando. Vocês fizeram uma grande diferença em nossas vidas.

# INTRODUÇÃO

A edição em inglês deste livro possui o título *This is it*, ou *É isso aí*, em português. Esse título — *A arte de ser feliz sem sair do lugar* — não tem a intenção de sugerir que nestas páginas reside a resposta completa para os problemas de nossa mente perturbada e de nosso mundo confuso. Pelo contrário, ele é outra voz exaltando a virtude da serenidade; é inspirado pelo instigante ditado místico: "É isso; nada acontece depois." É uma voz agradecida por todas as outras vozes — como o som das muitas águas expandindo-se diante de um estado de consciência — que nos atraem para o momento presente, que contribuíram para desenvolver minha habilidade de abraçar a vida, como realmente ela é, e de viver em paz o aqui e o agora.

É possível que, à medida que lê este livro, você encontre algumas palavras ou expressões que não fazem parte do seu vocabulário comum. É bom parar e deixar que elas o impressionem. Essas palavras podem ser meios valiosos de ajudá-lo a esclarecer o que lhe está acontecendo ou, se avaliadas de maneira serena, podem abrir portas para uma dimensão mais profunda e mais rica da vida. As palavras nasceram da experiência; parar diante delas pode impedir que nós as adotemos como simples conceitos. Deixar que essas palavras penetrem na mente de maneira profunda, lenta e consciente, permite, com freqüência, que elas mudem nossa vida. Fazer uma pausa deliberada para descobrir o silêncio e o espaço pode ser o início de uma vida vivida num ritmo diferente.

Os capítulos deste livro são curtos, de modo que você poderá ler apenas um e abrir um espaço de tempo entre o capítulo que leu e o capítulo seguinte, a fim de permitir que as palavras permaneçam em sua mente. Cada capítulo tem o objetivo de fazer com que alguma coisa aconteça dentro de você; sendo assim, provavelmente é melhor ler de maneira lenta, deixando espaços entre as sentenças e até mesmo entre algumas palavras. Estou cada vez mais convencido de que a pausa é uma forma de arte que permite o desenvolvimento de grandes mudanças dentro de nós.

Acima de tudo, por favor, não se esforce demais para tentar entender todas as coisas; em vez disso, relaxe e deixe que tudo venha até você como um presente entregue no tempo certo. Independentemente de quem você é, desejo-lhe tudo de bom e tenho a certeza de que o tempo que você vai gastar nestas páginas será tanto agradável quanto benéfico.

*Maurice Fullard Smith*

PARTE

# 1

# CUIDE DE SUA VIDA!

Já temos uma vida; o problema é que é muito comum não gostarmos da vida que temos. Contudo, nossa situação permanece e, independentemente do que você possa pensar [...] *É isso aí.* E isso não vai desaparecer.

Aqui se inicia todo o nosso sofrimento. É possível que não possamos evitar a dor, mas certamente podemos evitar o sofrimento. A infelicidade nasce da não aceitação das coisas, como são num exato momento. Esse pode ser um dos fatos mais difíceis de ser enfrentados, e até mesmo de ser considerados; devemos, entretanto, encará-lo, se desejamos interromper essa luta contínua e desfrutar alegria e paz.

Lembro-me de que há vários anos, em determinada rua, pedi informações a um senhor já idoso. Você pode imaginar minha decepção quando ele coçou a cabeça antes de declarar com tristeza: "Sinto muito, mas você não conseguirá chegar lá partindo de onde estamos!" Essa frase absurda me aborreceu por muitos anos. Onde ele esperava que eu começasse, senão no lugar em que me achava?

Felizmente, o homem estava errado. Percebi que, mesmo retratando uma longa vida, esta não lhe dera sabedoria. Com certeza quase absoluta, podemos chegar

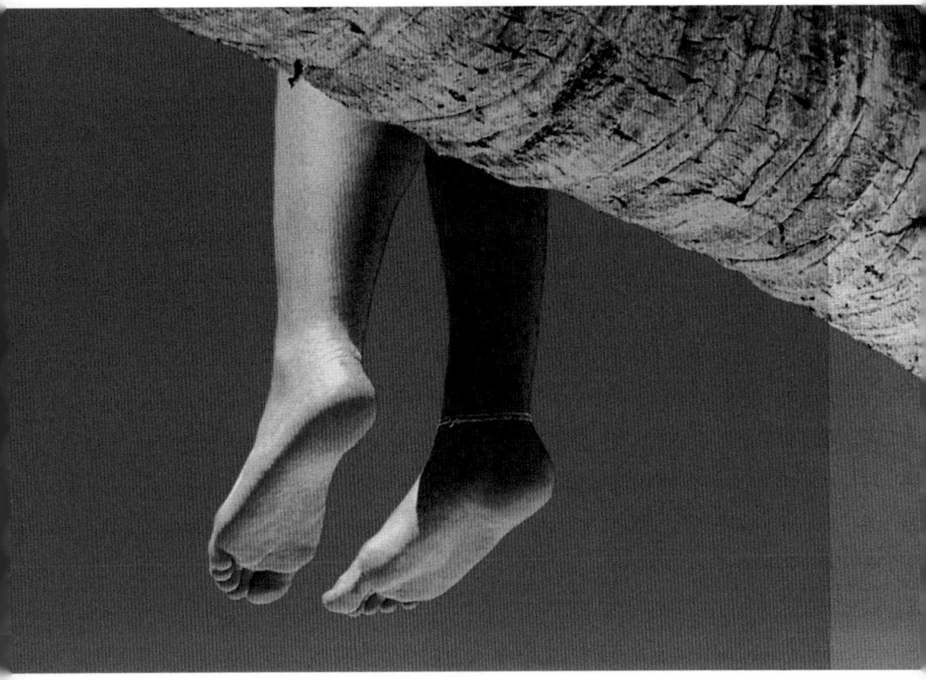

a um destino satisfatório a partir do lugar onde estamos. De fato, não podemos chegar a qualquer ponto a não ser partindo de onde nos encontramos.

Falhamos quando aceitamos estar onde estamos, desejando constantemente, e ao mesmo tempo, estar vivendo outra situação, projetando nossa mente para dentro de um paraíso passado ou de um futuro ideal imaginário, o que nos impede de viver agora e dar os passos para adiante que freqüentemente desejamos dar.

*Agora* pode ser o momento para pararmos e percebermos que a vida é o que ela é. Nossa busca

constante por alguma coisa ou por um lugar melhor está retardando nosso prazer com o momento presente. Este momento presente é tudo o que temos. A vida é sempre agora.

Muitos podem argumentar que o momento presente nem sempre é desfrutável; mas não podemos nos deixar prender à mera semântica, uma vez que o que quero dizer com prazer não é uma experiência de êxtase constante, mas um senso profundamente assentado de contentamento e paz, sejam quais forem as nossas circunstâncias.

# INDO A LUGAR NENHUM

A ironia da nossa jornada pela vida é que, na realidade, não há para onde ir. Não há um destino que esteja num lugar diferente de onde já estamos. Como muitos sábios já comentaram, "a jornada *é* o objetivo".

O que estou dizendo é que tudo de que precisamos já está dentro de nós e que a nossa jornada é de fato uma descoberta de quem somos e do que já possuímos. Nesse sentido, não estamos indo a lugar nenhum. Não existe um lugar físico chamado Reino dos Céus, Nirvana ou Terra Prometida para que o procuremos. Esses lugares estão em outra dimensão — são uma condição, não um destino — e estão dentro de nós, esperando ser descobertos.

Imagine por um instante como seria ter tudo de que precisamos para sermos perfeitamente alegres. Bem, assim são as coisas quando estamos livres de nossas preocupações e da ambição de estar em uma condição melhor do que aquela em que nos encontramos agora. Não precisamos ir a lugar nenhum ou obter qualquer coisa que seja para melhorar nossa condição. Toda a nossa busca pode simplesmente nos levar a descobrir que o tesouro estava dentro de casa, dentro de nós, o tempo todo.

Ao considerarmos o caminho para essa condição de felicidade, descobriremos que a rota não está, passo a passo, marcada com clareza. Na maior parte das vezes, vamos seguir por meandros, tal qual um rio. Algumas vezes, talvez possa até parecer que estamos perdidos. Diferentemente dos sistemas de canais e reservatórios feitos pelo homem, nosso rio se recusa a ser aprisionado dentro dos limites das nossas expectativas. É muito comum que nossos atalhos impacientes, ainda que bem-intencionados, alonguem nossa jornada e, em outros momentos, é provável que façamos grandes avanços, aparentemente sem qualquer esforço. Em nossa jornada, aprendemos a viver com o enigma e o paradoxo. O rio não será nem apressado nem confinado.

Não se deixe desanimar, à medida que começamos a reservar um tempo para ouvir o silêncio ao nosso redor e enquanto permitimos a nós mesmos ser ouvidos. Isso significa permanecer num local desconhecido, onde — por sermos suficientemente fracos e vulneráveis para precisar de fortalecimento vindo do interior — descobrimos um rio que continuamente fornece tudo de que precisamos para alcançar o objetivo da auto-realização. Enquanto isso, que estejamos tranqüilamente seguros de que tudo está bem... apenas não foi ainda descoberto.

# POR FAVOR, FIQUE TRANQÜILO

O silêncio da mente é tudo o que é exigido de nós para que experimentemos a maravilha do viver.

Para a maioria de nós, esse estado contínuo não acontece num único momento de glória — embora, alguns o encontrem, especialmente depois de uma "longa e escura noite da alma", quando chegam ao lugar onde a vida simplesmente não é mais digna de ser vivida. Pessoas assim às vezes simplesmente desistem, encolhem-se e deixam-se levar pela correnteza. Elas aceitam o seu destino e, surpreendentemente, conquistam um atraente brilho nos olhos que demonstra o segredo dos que têm consciência de que não podem resolver ou evitar os seus problemas pessoais e os da sociedade como um todo. Elas abandonaram a busca insana pelas riquezas modernas e repudiaram a obsessão por ser bem-sucedidas. "Vença" — uma expressão muito repetida que roubou da nossa geração a satisfação genuína — não lhes interessa mais. Elas aceitam que a vida não é justa e não reclamam disso.

Estou me referindo não apenas à busca pelas posses materiais, mas também à crença miserável de que uma saúde melhor, outra casa, um novo cônjuge, outra situação além daquela em que nos encontramos

nos trará a paz e a felicidade contínua que estamos procurando. Pode ser o momento exato de nos mudarmos para uma casa diferente, mudar a nossa situação no trabalho ou qualquer outra coisa — mas não devemos nos enganar, achando que isso será a panacéia para todas as dores. Parece ser o momento próprio para uma mudança; e, assim, mudamos. Vamos aceitar a vida como ela é, sem exigir que tudo funcione da maneira que esperávamos. As coisas são diferentes; ponto final.

Essa lista de coisas de que achamos precisar para ser felizes freqüentemente inclui o desejo de ter respostas para todas as nossas perguntas, o que é uma enorme pedra de tropeço para muitos. A idéia de que perguntas respondidas ou mudanças nas nossas circunstâncias trarão automaticamente satisfação é uma mentira — talvez a maior e mais bem-sucedida mentira já contada, e que tem, por séculos, iludido uma grande parte do mundo.

Talvez este seja um bom momento para parar de ler, por um instante, e ponderar sobre o que estou falando. Esse é um hábito muito compensador a ser desenvolvido. Não estou sugerindo um pensamento realmente profundo, acompanhado por testa franzida, mas sugiro apenas uma pausa, um momento de tranqüilidade para que o impacto da declaração a seguir realmente surta efeito:

**TER A RESPOSTA PARA TODAS AS SUAS PERGUNTAS OU MELHORAR SUA SITUAÇÃO DE VIDA NÃO É GARANTIA DE SATISFAÇÃO DURADOURA.**

Ser infeliz no meio do luxo não é um estilo de vida satisfatório. Encontrar um lugar ao sol não significa o fim de todos os seus problemas. A serenidade da mente é um tesouro muito maior. Se pudermos evitar fazer um julgamento instantâneo sobre este assunto — se pudermos retardar uma tomada de decisão imediata quanto a isso ser certo ou errado, bom ou mau, simplesmente deixando sobre a mesa por um instante — o nosso eu interior verdadeiro pode começar a ser despertado e passar a falar conosco. Uma forma de viver completamente nova começa a surgir.

Será que podemos simplesmente *aceitar* essa declaração? Poderíamos dizer que isso é ouvir com todo o nosso ser, com toda a nossa pessoa, não apenas com a nossa mente? Para muitos, isso é o início do tornar-se sábio, em vez de colecionar ainda mais conhecimento e informação para o nosso banco de memória.

**É A SERENIDADE DA MENTE QUE TRAZ A PAZ, E NÃO RESPOSTAS OU CIRCUNSTÂNCIAS NOVAS.**

Estou convencido de que a maioria de nós precisa enfrentar essa questão — saber de onde realmente vem a nossa satisfação — antes que possamos encontrar a paz duradoura e o contentamento.

## AGORA, DEIXE PASSAR UM POUCO DE TEMPO. OU ENTÃO, BASTANTE TEMPO.

Não vou dizer "seja paciente", porque a paciência está em falta nos dias atuais. Vamos chamar a isso "deixar o tempo passar" — uma expressão usada com grande efeito pela santa Dra. Claire Weekes que, durante toda a sua vida, ajudou muitas pessoas que sofrem de agorafobia.

Esses poderiam ser os nossos primeiros *momentos muito serenos*, vivendo acima da mente e sentindo-nos plenamente vivos, mesmo que seja por apenas alguns segundos ou, talvez, minutos. Não há pensamentos em nossa mente; estamos serenos. Por mais curto que seja o tempo, vamos nos animar. É um começo, e isso é o importante. Ao irmos a lugar nenhum, estamos de fato nos movendo!

# O PODER DA FRAQUEZA

Felizmente, existem palavras mágicas que podem nos ajudar, embora normalmente essas palavras sejam uma forma fraca de comunicação, o que pode nos levar a um labirinto de caminhos na mente. Todavia, às vezes elas podem provocar uma fagulha de iluminação que leva a grandes coisas.

Termos como *deixar*, *permitir* e *consentir* são palavras boas e passivas que indicam que estamos fazendo com que alguma coisa aconteça sem nenhum esforço, a não ser talvez simplesmente relaxar. Por certo isso deve parecer atraente a qualquer um que esteja cansado do passo continuamente forçado da vida moderna. Para muitos, essas palavras podem soar como fracas, especialmente para aqueles cujo ego está sempre clamando que se tornem eles personalidades fortes, poderosas, empreendedoras; mas para os que têm sede e fome do descanso que está sempre a lhes fugir, essas palavras são um sopro de esperança.

O poder da fraqueza tem sido amplamente ignorado. O que estamos considerando aqui não é a questão de nos deixar ser pisoteados por tudo e por todos, mas reconhecer que dentro de nós existe um poder em ação que fará maravilhas se relaxarmos e deixarmos que ele flua através de nós. Esse reconhecimento exige a simples admissão de que não criamos a nós mesmos e que as necessidades básicas e essenciais da vida são providas e acontecem sem a nossa ajuda. Respirar é o exemplo supremo.

Dê um tempo agora, por favor. Quero dizer realmente *agora* — neste exato minuto, por favor. Permita que alguns longos momentos se passem enquanto você se conscientiza de que...

**VOCÊ... PODE... RESPIRAR.**

Um poder superior está trabalhando dentro de você e ao seu redor. Tudo isso está acontecendo sem agitação ou barulho. Permaneça parado. Neste momento, existe paz.

Reservar alguns poucos momentos adicionais aqui e ali para simplesmente observar esse milagre constante acontecendo pode se mostrar como um dos passos mais compensadores que você já deu na direção de tudo aquilo pelo que você espera — o tempo em que as coisas

começam a funcionar para você, em vez de aparentemente estar em constante conflito com você.

Viver uma vida feliz não é mais difícil do que nos permitir respirar. Uma vez que nos conscientizemos de que não é tudo que depende de nós, começaremos a *estar aqui e agora* conscientemente, em vez de estar constantemente fazendo, fazendo e fazendo. Não há necessidade de preencher todos os momentos. Você pode parar. Não tenha medo da inatividade. Qualquer ação necessária chegará no momento devido, mas, então, ela brotará do seu momento de serenidade e paz interior. Isto trará um fim a toda a devastação que resulta da nossa incansável impetuosidade. De fato, a nossa ação será ainda mais eficiente, uma vez que ela agora virá da nossa fonte verdadeira e interior, à medida que deixamos, permitimos e consentimos que o tempo passe.

# A SUAVE ARTE DE FLUTUAR

Flutuar pela vida — essa é outra maneira de expressar o que estamos aprendendo; e isso não poderia ser mais simples. Se relaxarmos e permanecermos parados sobre a água, nós flutuaremos. É comum ouvir as pessoas dizendo, com tristeza, que não conseguem nadar. Elas estão tentando correr antes que possam andar, ou nadar antes que possam começar a flutuar.

Não conheço outra experiência mais agradável do que flutuar, deitado de costas, sendo levado pela corrente. Embora tenha havido um tempo em que eu participava do campeonato mundial de preocupação, descobri que é praticamente impossível participar desse campeonato quando estou deitado de costas flutuando. Levei muitos anos para conseguir flutuar na vida diária, aceitar-me como eu sou, flutuar e desfrutar dos frutos da serenidade.

Flutuar pela vida pode lhe parecer um sonho impossível neste momento, mas é cada vez maior o número de pessoas que estão tomando consciência desse sonho impossível, mesmo quando se vêem envolvidas na mais estressante das atividades. Lembro-me bem de ouvir o marido e técnico de Joyce Smith, a primeira vencedora da maratona feminina de Londres, gritando, à medida que ela mais se distanciava na liderança: "Flutue, Joyce, flutue!" Ele sabia o que estava dizendo.

Hoje, num programa de televisão, ouvi a Sra. Kelly Holmes dizer que conseguiu correr mais rápido quando percebeu que já havia ganhado sua segunda medalha de ouro olímpica; a partir daí, automaticamente, ela conseguiu relaxar. Isso aconteceu metros antes de ela alcançar a linha de chegada! A vida está por aí, como uma sábia professora, se você estiver pronto a ouvi-la.

Normalmente, não conseguiremos ouvir e relaxar até que tenhamos trabalhado duro a ponto de ser levados a desistir diante de um esforço extenuante. Lutaremos e nos esforçaremos até que estejamos finalmente prontos para ter o nosso desapontamento final com nós mesmos. Desanimados diante do fracasso — ou da falta de satisfação até mesmo com nosso sucesso — estamos prontos a ouvir a sabedoria do tempo que esteve sempre trancada dentro de nós: relaxe, aceite, você está perfeitamente bem como está. Todos nós podemos ser vencedores na corrida da vida se aprendermos a suave arte de flutuar.

Mais uma vez, vamos reservar este momento para fazer uma pausa e dar início à nossa experiência de flutuação.

Se quiser fazer isso, você precisa deitar no chão ou na sua cama, ou sentar-se ereto em uma cadeira, com uma boa postura, sem rigidez.

Deixe, agora, que seus ombros caiam, e relaxe inspirando profundamente.

Tome consciência de sua respiração novamente.

Se ajudar, você pode dizer bem baixinho, no ritmo de sua respiração: "A vida é assim... a vida é assim..."

Permaneça nesse estado, relaxado e flutuando, pelo tempo que você se sentir bem.

Não tente esvaziar sua mente.

Se pensamentos perturbadores começarem a distraí-lo, não se envolva com eles, mas simplesmente os observe.

Deixe que os pensamentos indesejáveis venham.

Eles podem ser como pequenas nuvens fofas passando pelo céu.

Veja-os virem e irem.

Alguém disse que esses pensamentos são como um desfile, de modo que ele pode simplesmente assistir à sua passagem e sorrir.

Não é preciso seguir a banda marchando.

É assim que a vida pode ser quando estamos flutuando sem fazer esforço. É um pequeno sabor do céu que aumenta à medida que praticamos a arte de estar presente no aqui e no agora — observando, observando.

Não somos ambiciosos; aceitamos qualquer progresso que façamos, seja ele rápido ou vagaroso.

Tentar flutuar faz com que afundemos.

Não estamos tentando; estamos apenas serenos, conscientes de nosso corpo, de nossos braços e de nossas pernas.

Sentimo-nos pesados, mas, ainda assim, flutuamos.

Não fazemos nenhum julgamento.

Este momento é o que é, exatamente como é.

Aqui, estamos bastante conscientes; vigilantes, mas relaxados.

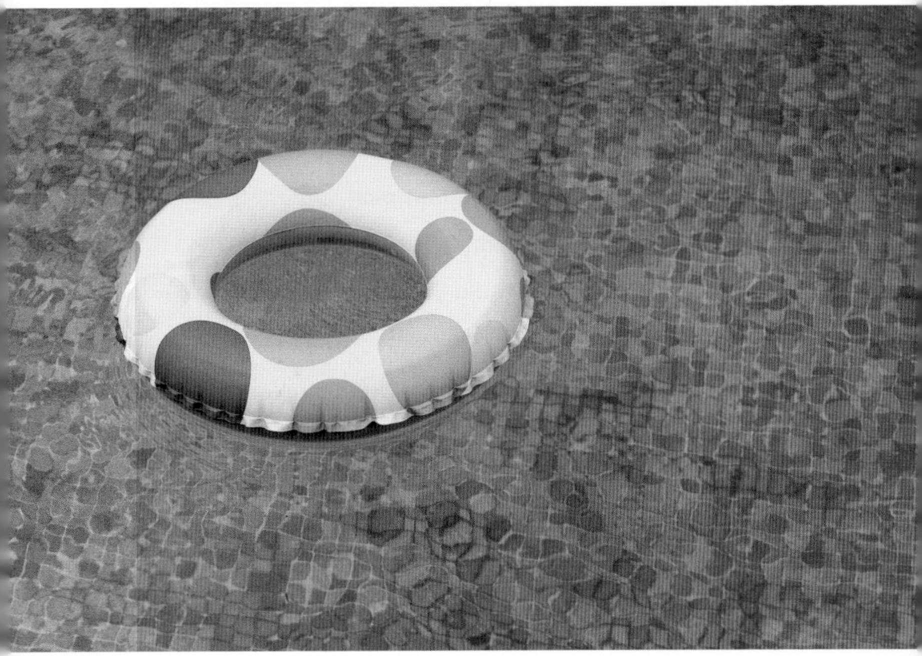

Não devemos sair correndo da nossa experiência com a flutuação. Levaremos um pouco da paz conosco quando nos envolvermos novamente com as nossas tarefas diárias. Se possível, continuaremos conscientes das coisas que estivermos realizando, até mesmo das atividades muito corriqueiras, como subir e descer escadas ou lavar as mãos. Estamos calmamente recuperando cada momento, e permanecemos conscientemente vivos.

# NÃO SE PREOCUPE COM DESEMPENHO

Ouvir a declaração de que *estamos bem como estamos* pode ser libertador.

Billy Joel penetrou no meu coração com a letra da famosa música *Just the Way You Are*: "Não mude para tentar me agradar; eu te amo exatamente do jeito que você é." Tentar mudar a nós mesmos, rangendo os dentes e embarcando em alguma cruzada de melhoria própria, pode fazer com que nos tornemos detestáveis para os que estão sofrendo até mesmo uma leve exposição a essa abordagem de autojustificação. O que atinge as partes que o esforço não pode alcançar — e que freqüentemente atinge também os que estão ao nosso redor — é observar a mudança sem esforço que vem com uma *transformação* interior.

A transformação de que estou falando é o processo que motiva todos os que aprenderam a confiar na sua vida mais interior, mesmo durante as chamas das mais difíceis situações. A transformação vem para os que sabem como voltar-se para dentro, especialmente quando tentados a se manter íntegros ou fugir apressadamente em busca de recompensas físicas ou emocionais exteriores às custas da calma interior. Essa habilidade é freqüentemente desenvolvida pela experiência dolorosa, pois não são muitos os que podem prontamente ouvir a verdade de que

as nossas aparentes forças são freqüentemente as nossas fraquezas ou pontos vulneráveis, enquanto que aquelas coisas que vemos como nossas fraquezas podem, de fato, nos levar à força. A declaração paulina "quando sou fraco é que sou forte" (2 Coríntios 12:10) mostrou-se verdadeira milhões de vezes desde que foi pronunciada por um seguidor de Jesus há 2000 anos.

Que alívio perceber que as nossas aparentes desqualificações podem se transformar nas próprias qualificações que guiam o navio da nossa vida rumo ao porto do descanso e da alegria. O fato de começarmos a reconhecer que não podemos conquistar as situações sem fazer referência ao rio eterno de Vida dentro de

nós indica que estamos recorrendo à dependência da Vida que está fluindo da fonte criativa de todo Ser. Freqüentemente descobrimos — talvez enquanto nos debatemos mais uma vez diante do esgotamento dos nossos recursos — que lidamos melhor com a situação do que jamais imaginamos ser possível.

Quando fazemos dessa condição de fraqueza e dependência a nossa residência permanente, gradualmente percebemos brotar dentro de nós um poder latente que se desenvolve em uma fonte constante de habilidade não forçada. Cuidado e nutrido pela apreciação silenciosa, esse pequeno córrego se transformará por fim num rio em plena época de cheia, levando consigo todos os nossos cuidados. Essa é a vida satisfatória que estamos procurando. A dependência em um poder mais elevado fará com que sejamos pessoas fortes e independentes que, sem constrangimento, apontam o caminho que leva à estrada da felicidade.

Objetivos e metas, alvos e grandes incentivos podem ter seu lugar no louco e competitivo mundo do esporte, nos negócios ou na política, onde os prêmios têm vida curta e, de fato, normalmente trazem consigo, de maneira disfarçada, a infelicidade. Quando consideramos o reino da satisfação derradeira, da paz interior ou da alegria sublime, tais métodos mostram-se profundamente inadequados. Nosso desempenho não vai nos ajudar ali. É aqui que precisamos ser totalmente confiantes no poder infalível que está dentro de nós — que, de fato, *somos nós*, quando percebemos que, por fim, estamos enxergando corretamente. Deus é a nossa vida verdadeira. A Força *está conosco*. Estamos bem como estamos.

Não podemos ser todos magnatas dos negócios, campeões mundiais ou líderes de nações... e não estamos tentando ser os melhores em serenidade do que qualquer outra pessoa! Estamos simplesmente desfrutando o fato de estar plenamente vivos *neste momento*, sejam quais forem as circunstâncias que estivermos vivendo. Encontramos satisfação nas pastagens da transformação interior à medida que aceitamos quem somos e o que somos, bem como onde estamos. Lá no fundo, somos todos pessoas maravilhosas que temporariamente perderam o caminho no louco mundo da competição.

Podemos dar o primeiro passo de volta rumo à sanidade *agora* permanecendo em silêncio por um momento e permitindo que uma voz calma e serena sussurre ao nosso ouvido:

**SOMOS ÚNICOS E ACEITÁVEIS DO JEITO QUE SOMOS.**

Vamos deixar que a verdade dessa declaração permeie todo o nosso corpo enquanto estamos sentados onde estamos, por apenas mais alguns momentos.

# UM CASO DE IDENTIDADE ERRADA

Quem realmente somos? Suponho que esta pergunta esteja martelando na mente dos intelectuais por mais anos do que poderíamos sequer imaginar. Contudo, encontramos alguns poucos que parecem ter descoberto sua verdadeira identidade. Podemos notar que muitas dessas almas contentes são bastante felizes com elas mesmas e parecem ser pessoas simples; talvez não tenham sequer considerado quem elas realmente são. Pode ser que muitos intelectuais se mostrem incapazes de ser simples e não sejam inteligentes no sentido mais verdadeiro da palavra. Realmente, quem trabalha lado a lado com intelectuais fala com freqüência de sua falta de bom-senso ou de sua incapacidade de viver com sensibilidade. É muito comum vê-los em uma viagem mental em que o conhecimento e a sabedoria são revelados repetidas vezes como gêmeos aparentemente incompatíveis.

Nossas escolas têm alimentado a mente de crianças e adolescentes com uma corrente constante de fatos normalmente ligados aos assuntos considerados mais necessários para o sucesso na nossa sociedade, que tanto valoriza a riqueza e a celebridade. A retenção de informação substituiu a instrução amorosa sobre como viver, como estar satisfeito com quem somos — seja qual for o nosso QI, a soma dos nossos bens, o nível da nossa atividade física ou o estado da nossa saúde. O ideal de fartura substituiu o da satisfação; enquanto isso, a simplicidade, berço da verdadeira felicidade, foi amplamente desprezada.

Declarar, como muitos fazem, "*eu* não sou *eu mesmo* hoje" indica que, freqüentemente, falamos sem perceber o que estamos dizendo. O verdadeiro "eu" nunca foi o "eu mesmo" como visto pelos que estão ao meu redor. Deixamos de entender que, no nosso coração, somos todos pessoas intrinsecamente maravilhosas; não somos apenas a expressão do comportamento que é resultado de nossa herança ou do ambiente em que fomos criados. Somos muito mais do que isso! Essa descoberta libertadora nunca foi ensinada em nenhuma escola ou universidade que eu já tenha visitado. Contudo, saber quem você é *em essência* é fundamental para uma vida verdadeiramente bem-sucedida e feliz.

Oculto debaixo da constante torrente de pensamentos, sentimentos e ações está um rio puro de vida, uma pessoa perfeita ou um super-ser, constituído para ser absolutamente apropriado para viver a vida aqui, livre de perturbação, ruído e ansiedade interiores. É esse rio puro que precisamos localizar e nutrir, se quisermos nos sentir felizes e satisfeitos na nossa jornada através da vida. Se começarmos a falar aos nossos filhos o quão maravilhosos eles são, passaremos a divisar o surgimento da verdadeira vida que eles tencionam viver. Eles começarão a amar a si mesmos sem nenhum traço de narcisismo. É certo que, nesse respeito, todos nós deveríamos nos tornar como crianças pequenas outra vez — preparados para

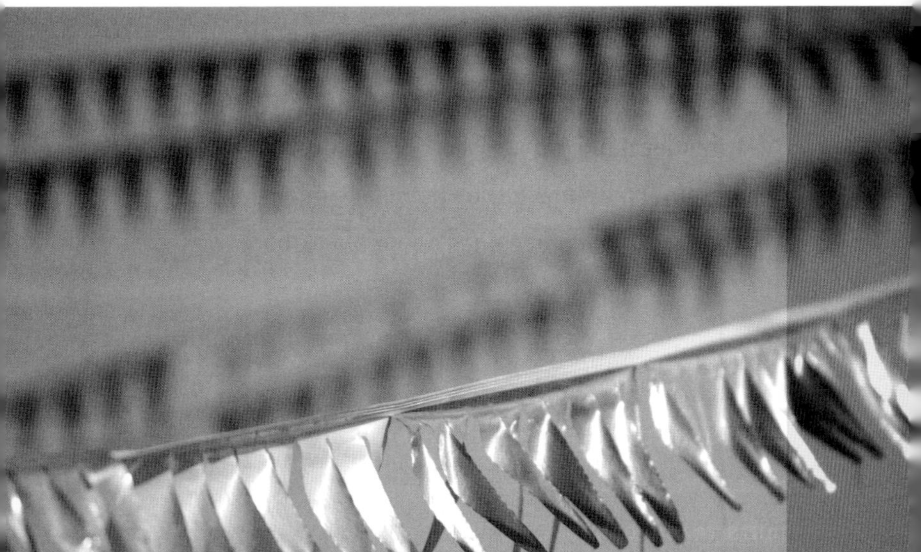

desaprender muito do que a ambição e a sofisticação nos ensinaram e para nos tornar pessoas simples outra vez.

Uma vez que começamos a perceber quão intrinsecamente maravilhosos nós somos, os hábitos narcisistas e a constante preocupação com assuntos como a aparência e a importância própria começarão a desaparecer gradualmente de nossa vida. A insegurança estará recebendo o seu primeiro sopro mortal e estaremos outra vez no caminho da felicidade e da transformação interior. Estaremos crescendo na direção de uma conscientização de quem realmente nós somos.

# HORA DE PARAR E CONTEMPLAR

Se conseguimos vislumbrar o fato de sermos intrinsecamente maravilhosos, talvez possamos agora parar de julgar tudo o que dizemos e fazemos. Mais importante ainda, talvez, seja perguntar: será que conseguimos parar de medir cada pensamento que entra na nossa mente ocupada sem ser convidado e, assim, nos tornar observadores silenciosos? Fazer uma pausa para olhar para os nossos pensamentos e ver o mundo passar pode marcar o início de um santo hábito que se tornará o atributo mais rico que talvez venhamos a ter. Será um milhão de vezes mais satisfatório do que ganhar uma fortuna na loteria. Fizemos contato com o Eterno, a correnteza atemporal de uma Vida pacífica que, de maneira paciente e reservada, tem esperado para desfrutar a nossa companhia.

Se pudermos fazer isso, ainda que momentaneamente, significará que nós nos separamos da pessoa que erradamente acreditamos ser. Este é o primeiro passo rumo ao desmembramento — de fato, um estado feliz.

**O SEU "EU" VERDADEIRO É AQUELE RESPONSÁVEL POR OBSERVAR AS COISAS.**

A outra "pessoa" é um impostor, um punhado de pensamentos mascarados, lembranças e projeções que constantemente se recusam a entrar na linha e aceitar que a nossa situação de vida é o que é agora.

Suponho que um psicólogo possa rotular esse aborrecimento constante, essa história repetitiva na nossa mente, no nosso "Ego". Vejo como "a Besta que investe contra a minha fronte". Isso, porém, é por demais loquaz e lhe dá crédito demais, de modo que optarei por um nome mais simples e o colocarei em seu devido lugar. Vou chamá-lo de "o Eu Idiota". Tudo o que o Eu Idiota deseja é atenção, sem se importar se essa atenção traz conforto ou dor. Ele está pronto para rir ou chorar, ou mostrar indiferença; está feliz por mostrar-se superior ou bajular, contanto que ele (ou ela) não tenha de ser o servo do reino mais profundo do nosso Ser.

"Mim" não está contente em ouvir o "Eu" interior — é como alguns explicam a questão quando tentam colocar em palavras o quase inexplicável. Parece haver uma constante batalha entre a mente da pessoa interior e a pessoa *mais interior*, ou espírito, que é a Vida que permeia nossa criação, querendo neste momento ser expressa de maneira singular por meio de cada um de nós, visando ao bem comum.

Tentar refrear ou melhorar a mente da pessoa interior é combater fogo com fogo. Estamos dando a ele ou a ela mais atenção, e é exatamente isso que ele ou ela deseja. Tudo o que precisamos fazer é *observar sem julgar*, e a separação é feita. Olhamos e vivemos. Há serenidade e silêncio na nossa mente. Por um momento, a batalha cessou e experimentamos paz. Nós nos alegramos naturalmente ao experimentar isso pela primeira vez, ainda que seja por um momento ou dois, pois é de fato um grande presente. Paramos de julgar uma coisa qualquer, por um instante vimos aquilo de maneira desapaixonada e colhemos uma recompensa magnífica. Podemos, agora, começar a perceber que passamos toda a nossa vida julgando a nós mesmos e aos outros, sem perceber que estamos fazendo isso. Dissecar e examinar cada encontro

com cada pessoa e em cada evento mata o senso de pura presença que é a essência da paz interior.

Naturalmente, o nosso ego não desistirá sem lutar. Bombardear-nos continuamente com pensamentos é sua principal forma de ataque. Não pensar, permanecer em silêncio e sereno é a morte para a existência do ego. Aprendemos a não ser ignorantes em relação a

tais artifícios e logo chega o dia quando podemos nos surpreender por encontrar um pequeno sorriso crescendo dentro de nós, à medida que percebemos que fomos enganados outra vez. Felizmente, começamos a nos levar menos a sério, percebendo que, mais uma vez, fomos surpreendidos em um exercício mental inútil, uma seqüência louca de pensamentos espontâneos que, como sempre, mostram-se não recompensadores.

Deveríamos marcar essa ocasião como um dia especial, pois ela proclama a aproximação de um reino de paz e contentamento crescentes. Lembro-me claramente do momento quando me sentei ao lado do rio da vida e o ouvi rir (que palavra maravilhosa essa!), e isso foi algo que aconteceu em um período muito triste da minha vida.

Sorrir é uma coisa que sempre me atraiu. Pode ser uma experiência muito saudável, além de trazer pura alegria. Por que não parar e olhar para coisa nenhuma em particular por um tempo, permitindo-se talvez dar um pequeno sorriso? Quem sabe aonde isso vai nos levar?

# MORRER ANTES DE MORRER

Conheço a fundo muitas pessoas que não podem entrar em um estado de vida de descanso e diversão porque tudo parece fácil demais. De fato, essa foi a minha dificuldade durante muito tempo. Estamos tão acostumados a alcançar tudo por meio de esforço, que o simples pensamento de receber tudo como um presente faz soar todos os alarmes. Algumas pessoas acham realmente difícil receber uma coisa qualquer sem que haja luta. Por não fazerem absolutamente nada para merecer o que conseguem, elas acham que podem ser anátemas.

Todos nós já encontramos pessoas tão ocupadas servindo aos outros que não conseguem deixar que alguém as sirva; elas simplesmente não conseguem receber. Isso é uma tolice em particular encontrada entre algumas sociedades religiosas, onde somos dolorosamente conscientizados do quanto estamos sendo ajudados. Algumas pessoas não conseguem nos dar um simples copo de água sem atrair tanta atenção que nos fazem imaginar que estamos recebendo champanhe. Como é gostoso quando as necessidades são atendidas de maneira tranqüila e eficiente, sem que se note, ou quando alguém prefere simplesmente sentar-se conosco, em vez de correr de um lado para outro fazendo coisas das quais nós de fato não precisamos!

Nossa situação diária está cheia de duras pancadas e, às vezes, a estrada pode parecer insuportável, muito além de nossa tolerância. Depois de abdicar da responsabilidade de lidar com as coisas de maneira hábil, independentemente de qual seja o custo do nosso orgulho, estaremos prontos para descobrir a fonte interna que está sempre esperando para tirar o peso e o estresse de nossa vida. Até mesmo a dificuldade torna-se fácil quando a graça está em ação. Não há espaço para vanglória nas nossas habilidades quando ela é a maneira em que vivemos. Nosso ego levou outro golpe mortal. Nós "perdemos nossa vida", mas, estranhamente, a ganhamos de novo.

A morte é o assunto em questão. É um assunto que muitos não gostam de abraçar, mas a morte é a nossa entrada para a vida em toda a sua abundância. Morrer antes de morrer — antes de finalmente experimentarmos a nossa morte física — não soará como uma proposição atraente se estivermos determinados a manter as nossas fortes opiniões, ou se for necessário aparentar ter completo controle e estar altamente preocupados com a nossa imagem. Para os que estão cansados de manter as aparências e preparados para aprender a morrer, o alívio é inestimável.

UMA VEZ QUE ESTEJAMOS CONSCIENTES DO PODER QUE TRABALHA DENTRO DE NÓS, NÃO PRECISAREMOS MAIS APRESENTAR UMA FACE TRIUNFANTE.

ESSE PODER SURGE SEM ALARDE QUANDO ABDICAMOS DO LUGAR PRINCIPAL E ABRAÇAMOS NOSSA EXTREMA FRAQUEZA.

Por que simplesmente não nos sentamos tranqüilos diante dessa declaração antes de prosseguir em busca do próximo capítulo?

# O FIM DA LUTA

A morte em si é a fraqueza em seu extremo; não é algo de que se deva ter medo. O olhar pacífico que vemos na face de algumas pessoas durante seus últimos momentos na terra freqüentemente está ali porque elas finalmente desistiram de lutar para viver. Para muitos, essa é primeira vez que deixaram de lutar contra uma situação difícil, particularmente se foram ensinados desde a infância a buscar sempre a vitória, a ser duros, a nunca chorar, e outras tolices estóicas tão admiradas por muitas pessoas.

Nos últimos anos, passei muito tempo dando silenciosamente boas-vindas à morte. Essa não é uma ocupação mórbida ou desagradável. Nosso morrer físico pode ser doloroso, mas a morte em si é uma parte natural da nossa jornada; de fato, é praticamente a única coisa da qual podemos ter certeza depois da primeira vez que respiramos. Embora não tenha assumido a prática mística oriental de permanecer sentado por horas diante de sepulturas, posso entender por que os orientais fazem isso. Eles estão se acostumando com a morte, porque o medo da morte, de uma ou de outra forma, reduz nossa vida a uma luta longa e contínua.

Todo final — ou minimorte — que experimentei terminou levando ao aumento de outra forma; assim, sou encorajado a confiar que a experiência final não será uma exceção. (Isso não é uma tentativa de convencê-lo de que existe vida após a morte física, pois o apego a fortes crenças espirituais é um impedimento que, felizmente, me tem adormecido no caminho. Sistemas ideológicos de crença podem facilmente levar a fortes discordâncias e até mesmo a horríveis guerras, sobre o que todos nós estamos totalmente informados. Prefiro dizer que só sei o que experimentei e que não vou discutir mais o assunto.)

Se estamos experimentando situações das quais não gostamos e em relação às quais nada podemos fazer, temos a opção de enfrentar a verdade como ela é. Ela é o que é. Em seguida, poderemos relaxar conscientemente o nosso corpo, em vez de permanecer lutando na nossa mente. Estamos começando a aceitar as coisas como elas são *agora*, mesmo se decidirmos fazer uma mudança de algum tipo no futuro! Precisamos "morrer" para esse negócio de continuamente esperar que este momento melhore.

Podemos confiar que a verdadeira Vida em nosso centro vai fazer o melhor em toda situação. Dessa maneira, nós nos tornamos "mortos" para as tarefas e os deveres, livres do ato de continuamente agir em função das obrigações e dos encargos para constantemente fazer coisas boas — e, de fato, livres do impulso de transformar meras tentações em atos malignos! A ação apropriada surgirá dentro de nós, se e quando for necessária, sem nenhuma luta. Nós nos alegramos ao descobrir que não temos um mentiroso, um ladrão, um assassino ou um fazedor de boas coisas cheio de justiça própria vivendo no nosso centro. Nossa vida se torna espontânea e calmamente animadora à medida que observamos a nossa transformação a partir do nosso interior. A aceitação traz paz, e a paz precede as nossas ações não apressadas e mais adequadas.

Por fim, o nosso eu totalmente egocêntrico é diminuído e nós simplesmente não nos importamos com o que a vida lança sobre nós. Ela é o que é. Não é que estejamos anestesiados — todos nós sentimos algum tipo de dor — mas o sofrimento auto-induzido cessa à medida que a nossa extrema fraqueza, a nossa dependência ou a nossa minimorte inexoravelmente leva a mais e mais aceitação. Uma vez que tenhamos nos exaurido de todas as tentativas de ser adequados e vitoriosos, a aceitação chega — não podemos forçar isso — trazendo consigo uma automática transformação de nossa vida.

Gradualmente, tudo começa a parecer perfeito, ou como deveria ser para nós exatamente agora. A pressão se foi; chegou um senso de paz.

Reconhecer a nossa incapacidade de ser heróis que a tudo conquistam e, então, dar lugar à nossa fraqueza em vez de tentar lutar as nossas batalhas com valentia permite que o latente poder majestoso dentro de cada um de nós comece a brilhar:

**HÁ UMA VIDA DENTRO DE VOCÊ QUE NÃO PODE SER DERROTADA, E QUANDO VOCÊ ENCONTRÁ-LA, VOCÊ PERMANECERÁ DE PÉ.**

Assim escreveu um compositor amigo meu, há muitos anos. Vamos nos apoiar internamente em nossa Vida Interior agora, seja qual for a nossa situação, e "deixar o tempo passar". Não estamos querendo que qualquer coisa mude — nem mesmo nossos sentimentos. Estamos serenos.

# A VIDA É UMA DANÇA

Pode ser que a dança seja a última coisa que você diria ser a vida. Especialmente se você sente como se tivesse chumbo nos sapatos. Contudo, se a música da divina capacitação corre nas nossas veias, as profundas aflições podem parecer leves.

Nem toda música é animada e a maioria de nós se cansa do riso constante. O brincalhão que nunca faz uma pausa torna-se aborrecido. Assim, a melodia e o ritmo da nossa dança da vida pode mudar à medida que os eventos nos atingem com dureza ou, alternativamente, trazendo-nos prazeres óbvios; mas uma vez que tenhamos aprendido até mesmo o mais insignificante traço de aceitação, descobrimos que existe ainda alguma alegria brilhando, mesmo nas nossas tristezas. Não nos tornamos estóicos — longe disso — mas pessoas com leveza nos pés, movendo-se diante de uma melodia que jamais esperávamos ouvir. Estamos em sintonia com o coração do universo, que conhece tanto as trevas quanto a luz.

Não estou sugerindo que devamos dançar para nos sentir felizes, mas que devemos dançar por dentro por estarmos naturalmente contentes, seja qual for a melodia ou o ritmo que ouvirmos. O ato de nos alegrar é um exercício muito benéfico, um fogo que precisa ser atiçado constantemente; contudo, esse é o conselho continuamente dado pelos que nunca tiveram a calma interior por tempo suficiente para ouvir a melodia do conforto sendo tocada por uma orquestra invisível. Essas palavras não ajudam a nossa causa.

Tudo isso pode parecer metafórico se ainda estamos buscando alívio para a dor física ou exigindo riqueza material como substituta da nossa pobreza. Para os que estão determinados a encontrar sua solução na Feira das Vaidades, não é isso o que eles querem ouvir; mas os que estão cansados das respostas de consertos rápidos e precisam de um bom e longo descanso talvez estejam apenas começando a perceber os acordes de uma canção de amor que sempre esteve lá. Ela não tem sido ouvida no meio do ruído mental que acompanha a louca pressa de chegar a algum lugar que não seja o lugar onde estamos, ou de ser alguém diferente de quem somos.

Existe um lugar de calmo descanso onde reina a pura diversão, um lugar onde a música está sempre disponível. Podemos ser velhos demais ou estar doentes demais para dançar fisicamente, mas não há necessidade de nos tornarmos aquela moça sozinha no canto do salão de baile; nossos olhos podem dançar e iluminar a sala, ainda que, em muitas vezes, isso aconteça por meio de nossas lágrimas.

Cerca de quarenta anos atrás, dois senhores bem idosos — um deles, um velhinho jovial com brilho no olhar; o outro, um velho triste, mas sem reclamação nos olhos — me ajudaram a dirigir meus pés para o caminho do contentamento constante, independentemente de quais pudessem ser as circunstâncias da minha vida [...] e nenhum deles disse uma palavra sequer. Eles estavam dançando conduzidos pelo mesmo maestro, mas diante de melodias muito diferentes.

Amo as palavras "quietude" e "confiança". Elas podem soar como duas melodias bastante diferentes, mas harmonizam-se perfeitamente quando são orquestradas pela nossa aceitação das vicissitudes presentes na nossa vida aqui na terra. Vistas juntas em uma única pessoa, elas constituem a mais bela música. Elas não surgem em todas as pessoas, e podem não ser bem-vindas porque muitos confundem "confiança calma" com omissão, achando que a loquacidade e a assertividade são recursos necessários para o sucesso. É possível que seja assim, caso se entenda sucesso como reconhecimento feito pelos outros, ganho pecuniário ou material; contudo, felizmente, agora estamos

finalmente começando a ver que esses não são os bens mais importantes que, lá no fundo, desejamos, por mais que eles possam brilhar e chamar a nossa atenção.

A confiança calma é uma força maior que surge com o tempo para os que aprenderam a dançar nas escolas da fraqueza e da aceitação. Os que conseguem isso raramente recebem aplausos de maneira clara, embora muitos os admirem secretamente, pois, na sociedade de hoje, não é "legal" apreciar essa atitude. Não estou

sugerindo que a nossa personalidade deva ser nivelada de modo que todos sejamos parecidos. Aqueles de nós que possuem olhos e ouvidos não tendenciosos vão captar o sentido dessas virtudes interiores, quer estejamos observando os que rapidamente se envolvem em passos de dança revoltosos ou os que preferem “ficar olhando”.

Todos os dançarinos se mostram insinuantes desde que estejam dançando de acordo com uma melodia interior.

# PARTE

# 2

# QUANDO CHEGA A ESCURIDÃO

A crise de uma depressão inesperada, descrita pelos que sofrem desse mal como um buraco negro ou a falta total de objetivos, pode trazer um sentimento de devastação que altera o padrão da vida além do que pode ser reconhecido. É bem capaz que os amigos queiram saber o que acontece com quem está deprimido; a tendência é evitar aproximar-se, já que parece praticamente impossível alguém conseguir permanecer nesse estado de aflição.

Se estamos deprimidos, o problema torna-se ainda maior se tentarmos nos colocar acima dele, em posição muito elevada, sem dar nenhum sinal da chegada de uma tempestade. De fato, para muitos, estar no "alto" freqüentemente precede uma descida rumo às nuvens de profunda tristeza que ameaçam arruinar todo o caminho de progresso já experimentado. Para entender melhor o que pode ser feito frente a essa condição aflitiva, não é preciso um diploma em psicologia, genética ou ciência ambiental; basta procurar compreender o que a pessoa em depressão está enfrentando.

Em um momento como esse, nós descobrimos também que a ansiedade pode facilmente nos sobrevir, do mesmo modo em que os hormônios enchem nosso corpo capacitando-nos para lutar contra as trevas ou fugir delas na direção de alguma atividade interessante. Para muitos, essa ansiedade é um componente muito importante da situação. Alguns de nós que já trilharam essa estrada obscura descobriram que não há como vencer esse monstro devorador simplesmente com a força de vontade. Somos forçados a desistir de todas as tentativas de fugir ao observar nosso aparente progresso escapando de nós repetidas vezes, deixando-nos exaustos — tal qual o Peregrino, de John Bunyan, na prisão do desespero.

Aceitar as trevas e nos deixar dominar por elas pode soar como uma abordagem perigosa para os nossos mais queridos e mais próximos, mas não nos é possível encontrar outra alternativa. Se existe um segredo do sucesso, provavelmente é permanecer motivado nessa prisão de trevas, simplesmente reconhecendo que não temos outra opção. Embora possamos odiá-lo, esse lugar é também uma parte da nossa jornada. Permitirmo-nos experimentar plenamente a presença desses terríveis momentos é um grande passo adiante, embora talvez não o reconheçamos no tempo de escuridão.

Prosseguir *conscientemente* em nossos momentos de profunda tristeza, senti-los plenamente e, então, transformar o peso dessa realidade em uma experiência de flutuação pode, por fim, ser o catalisador que faz com que uma pequena luz comece a se infiltrar em nossa noite escura. Essa transmutação não pode ser apressada, nem pode ser realizada ao se repetir uma fórmula ou um conceito puramente cerebrais. O início da mudança é freqüentemente o resultado de nossa genuína rendição a uma circunstância negra que está presente neste exato momento do tempo. Nossos planos de longo prazo são colocados em suspensão à medida que constantemente relaxamos e reassumimos o poder no momento presente.

Quando aceitamos a situação e relaxamos diante do desconforto, é de grande ajuda lembrar que não nos devemos identificar com a depressão e a ansiedade. Elas não são o que nós somos intrinsecamente, mas estamos presos no lago de tristeza ou no corpo de dor que nosso ego construiu durante nossa história pessoal ou até mesmo em função do nosso passado genético. Podemos observar essa condição do mesmo modo que aprendemos a fazer com nossos pensamentos indesejados. Não estamos tentando mudar nada pela força de vontade. Simplesmente deixamos de nos interessar por esses sentimentos.

É possível que, para alguns, haja um longo período dessa dor mental e emocional (poderíamos dizer até mesmo espiritual), mas não vamos lutar para fugir dela. Não gostamos da nossa situação, mas aqui estamos, aceitando-a. Mais uma vez, *é isso*. Não há como fugir. Não estamos simplesmente nos revolvendo na autocomiseração, como alguns podem pensar. Estamos exaustos.

Para muitos de nós — mais uma vez, como o Peregrino — nossa aceitação pode finalmente anunciar um dia quando descobrimos que a chave de ouro da prisão esteve em nosso bolso o tempo todo. Seja qual for a nossa condição, aprendemos, mais profundamente do que nunca, a estar contentes. Um cuidadoso suspiro de alívio provavelmente não será uma coisa errada nesse ponto da estrada.

Não tentarei dar uma explicação profunda do propósito dessas experiências e não me coloco na posição de um especialista em conhecimento médico do assunto. Não falo também de maneira despreocupada, pois, em casos extremos, estaremos nos referindo a uma condição que levou muitos a um desespero final. No entanto, realmente sei, a partir da própria experiência, que as descobertas que compartilhamos freqüentemente levam à esperança e à transformação interior que, em determinado momento, parecia impossível.

Com o passar do tempo, começamos a perceber como o timbre de nossa vida foi radicalmente melhorado por meio das experiências por que passamos. Nunca mais seremos a mesma pessoa. Haverá uma nova profundidade de paz e compreensão dentro de nós, à medida que sairmos de nossa noite escura para o amanhecer de um novo dia.

# NUNCA ESTAMOS SOZINHOS

Conforme prosseguimos em nossa exploração do mistério da vida, pode chegar o momento em que nos sentiremos chocados ao perceber que até mesmo o fato de mover-nos rumo à serenidade tornou-se um esforço sutil. Somos surpreendidos *tentando* outra vez. Esse aparente desapontamento abre, de modo gradual, outra porta para uma satisfação maior, o início de *sempre viver com um senso de presença.*

Isso provavelmente acontecerá quando tivermos buscado, até que não tenhamos mais força para buscar e até que, para nós, a busca pela verdade tenha chegado realmente ao fim — mesmo a busca por uma serenidade maior. Para alguns, essa aceitação pode vir depois de uma longa jornada pela vida. Contudo, quando esse *insight* realmente se estabelece dentro de nós, as descobertas não terão cessado, mas saberemos com certeza que a procura chegou ao fim. Tudo parecerá ter sido descoberto por acaso, mas será, de fato, um dom contínuo da graça.

É possível que, como ocorreu comigo, isso aconteça quando você estiver o mais sereno possível, embora a mente nunca desista, mas continue a nos importunar até que sejamos enganados outra vez a tentar dispersar nossos pensamentos com serenidade. Certo dia, talvez de modo muito surpreendente, percebamos que não há razão nenhuma para nos preocuparmos com o ruído na mente e talvez descubramos que somos capazes de ver por meio dele e deixá-lo de lado. O fato é que até mesmo esse aborrecimento *é o que é*. Todas as coisas são assim. Como "ver por meio" de todas as aparições tornou-se um hábito, ficamos cheios de alegria, até mesmo abraçamos de forma cada vez mais profunda a verdade de que a Presença está sempre conosco. Não precisamos nos livrar de nada

para encontrar a paz contínua que experimentamos anteriormente nesse período de escassez.

De repente, nosso viver assume uma nova dimensão. Estamos o tempo todo conscientes de que a serenidade não está apenas conosco, mas a nossa essência jamais poderá nos deixar. O ruído da mente não expulsou a Presença, apenas distraiu-nos e anulou nossa consciência do compromisso eterno. Uma vez que essa manobra do ego é exposta, não mais lutaremos e nem mesmo seremos

perturbados por pensamentos intrusos. Caminharemos, por eles, sorridentes e de maneira serena e confiante, à medida que nossa consciência aumentar e nos regozijarmos no fato de nunca termos sido abandonados, nem por um momento, e de nunca nos termos sentido sós. Os pensamentos persistentes também desaparecerão de nossa mente, embora não nos tenhamos perturbado com sua interferência.

Felizmente, não haverá uma percepção esmagadora da Presença divina o tempo todo; isso faria com que nos parecêssemos com seres de outro mundo. Um sopro gentil apenas ou uma pausa é toda a plenitude de satisfação que já desejamos na vida. Provavelmente, nós nos sentiremos constrangidos a parar em nossa rota de vez em quando, apenas para ficar em pé e apreciar o tesouro que está dentro de nós. Dizer que seguramos a respiração pode não ser um exagero.

Vontades indesejadas agora começam a murchar sem nenhum traço de autonegação. Temos tudo de que precisamos — de fato, sempre o tivemos — mas agora nossa consciência cresceu a ponto de reconhecermos continuamente a maravilha da vida que foi soprada para dentro de nós. Caminhamos em um terreno santificado (mas não *acima* da consciência, por favor), vendo com novos olhos e aceitando a mesma vida em tudo e em todos com quem nos encontramos. Normalmente isso não é reconhecido, mas está lá. Cada vez mais descobrimos que simplesmente não podemos mais fazer julgamentos, pois nosso progresso aconteceu sem nenhum esforço próprio; foi algo que brotou da Energia Interior, que é um dom gracioso compartilhado pela Fonte de todo Ser.

Descobrimos o tesouro mais valioso enterrado dentro do campo do próprio ser. Somos um com Deus, agora e para sempre. Se o que Deus fala se nos mostra desagradável, podemos simplesmente interpretá-lo como um acrônimo da *D*imensão *E*xtremamente *U*niversal e *S*uperior. Para muitos, porém, isso é importante. Então, com um sorriso discreto, voltamos para a serenidade da Presença que nunca reclama sobre uma questão pequena como essa. É tão evidente que o sorriso foi criado para nosso prazer que devemos simplesmente desfrutar de nossa herança, seja qual for a situação de nossa vida, sempre percebendo que a alegria e a tristeza são gêmeas presentes no mesmo ventre de que nascemos.

# SEM TRUQUES

Prosseguir sem pressa na nossa jornada rumo ao reino da serenidade e a uma total rendição ao que ela é — ao contrário de passar todo o nosso tempo lutando para mudar as coisas — pode resultar em uma notável diferença no nosso estilo de vida. Como mencionei anteriormente, pode nos parecer agora que muitas coisas estão funcionando de forma bastante diferente. Na serenidade, às vezes experimentamos um tempo de bênçãos. Em outros momentos, estranhamente sabemos o que fazer em situações que, no passado, nos traziam perplexidade. A "voz interior calma e serena" torna-se uma realidade e traz a segurança de que tudo está bem, seja qual for a nossa aparência externa.

Não é surpresa que esse estado de felicidade pode nos trazer suas tentações. Em vez de nos conservarmos serenos porque é assim que deveria ser, podemos ter como objetivo experimentar o êxtase como um tipo de "viagem". Podemos ficar quase "viciados" no silêncio como forma de fugir às pressões comuns da vida que se podem expandir dentro de nós. Essa busca por experiências não garante a paz e a alegria duradouras. Em vez disso, produzirá outra atividade voltada para o desempenho que, mais cedo ou mais tarde, terminará em desilusão. Estar sereno é estar sereno, não é ter em vista um objetivo.

Pode ser que já tenhamos lido a respeito de grandes mestres avançados que realizaram feitos incríveis ou milagres quando estavam em um estado de profunda concentração. Alguns pararam de respirar e foram sepultados sem problemas por vários dias. Outros apareceram, em poucos segundos, ou até ao mesmo tempo, em dois lugares distantes um do outro vários quilômetros. Em um nível aparentemente inferior, podemos achar que somos capazes de permanecer paralisados, em um estado de absoluta serenidade, vivendo acima do âmbito da atividade mental por longos períodos de tempo.

Por mais maravilhosas que possam parecer, essas ocorrências não são uma medida de espiritualidade. Viver e amar, lidar com as pressões da vida diária, é o teste ácido que mostra onde realmente estamos — ter uma mente calma e um corpo relaxado quase com certeza nos levará a esses pastos tranqüilos. Nosso propósito não é realizar truques para impressionar os outros, nem mesmo impressionar a nós mesmos. Esse não é o caminho da satisfação.

Aqueles de nós que já viram acontecimentos sobrenaturais durante a vida sabem que a lembrança deles desaparece mais cedo ou mais tarde, e é bom que seja assim. Não fomos criados para habitar no paranormal; devemos viver felizes aqui e agora, aceitando igualmente o que quer que isso nos traga. Esse é o milagre constantemente realizado nos que aprenderam o valor incalculável de sua vida interior e que confiam nela acima de tudo.

Vamos continuar a desenvolver o hábito salutar de fazer pausas regularmente para desfrutar da amplidão e do silêncio que estão sempre presentes, sem procurar acontecimentos extraordinários. Manter-se sereno o suficiente para desfrutar do milagre constante da natureza, trabalhando tanto dentro de nós quanto ao nosso redor, será tudo de que precisamos para garantir uma jornada satisfatória na nossa peregrinação aqui na terra. Não vamos fazer estardalhaço nem proclamar os detalhes se coisas notáveis ocasionalmente acontecerem. É a comunhão transcendente e imanente com o Não Visto e o Não Ouvido que faz com que nosso coração se aqueça e nossos olhos brilhem. Teremos nos unido ao crescente número dos "brilhantes" que fazem tamanha diferença na vida diária daqueles com quem se encontram. Não perceberemos isso; ficaremos apenas alegremente conscientes de estar plenamente vivos.

# AUXÍLIOS PARA VIVER

Pode parecer que estou defendendo métodos ou técnicas para se chegar à serenidade e, a despeito de minha pouca simpatia por conceitos, devo concordar com você. Contudo, deixe-me enfatizar que realmente sinto que pode ser que, um dia, todos esses métodos especiais não sejam mais necessários. Eles são auxílios, não a cura real. Esse dia acontecerá quando o fato de estar serenos interiormente for bastante normal para nós, quando a prática regular não for mais necessária. Para a maioria de nós, esse processo é gradual, não importando o quão impressionante nossa iniciação rumo à serenidade possa ter sido.

Os auxílios para se alcançar um estado quase permanente de relaxamento e liberdade da ansiedade são muitas e variadas. Elas podem incluir o uso de fitas com ensinamentos ou música, o uso de um mantra — um som, uma palavra ou uma frase repetida que faz com que nos concentremos mais facilmente e sem esforço. Uma vela pode nos lembrar que todas as coisas podem ser um sacramento, um meio de graça.

Outros meios úteis são a concentração — mais uma vez, sem esforço — em nossa respiração e em nosso corpo físico, ou a consciência do silêncio e do espaço ao redor e dentro de nós. Se você sentir que precisa de ajuda adicional, há uma considerável quantidade de orientação disponível; você descobrirá que as prateleiras das grandes livrarias estão repletas de livros de auto-ajuda.

Meu passado inclui o crescente uso da "glossolalia" — o esquecido dom de línguas ou idiomas que eu recebera em minha experiência cristã anterior, mas que não está limitado a uma religião. Para mim, uma das mais constantes ajudas tem sido o uso da consciência do silêncio e do espaço. Ter diretamente o completo conhecimento das partes de meu corpo tem sido ainda mais útil. Aprender a "flutuar" é de inestimável valor. Compreendo que a maioria das pessoas começa fechando os olhos; mas minha experiência pessoal teve início com meus olhos abertos e, agora, uso os dois meios no transcorrer de um dia.

Felizmente, não podemos ser dogmáticos nessa questão; o rio da vida assumirá as próprias curvas e voltas. Ouvir o silêncio que está sempre presente além de todo o ruído produzido na nossa sociedade atual tem sido a prática mais simples e compensadora para mim, mas a sua experiência pode ser bastante diferente. Contudo, de todo o meu coração, eu ainda recomendo o silêncio. Ouvir o silêncio traz paz interior. Você pode começar a ouvir o silêncio *agora mesmo* se quiser.

Sente-se confortavelmente e ereto onde você estiver, fechando gentilmente seus olhos sem se esforçar para ouvir.

Depois de alguns instantes, você pode abrir seus olhos vagarosamente e mover a cabeça, também devagar, enquanto olha para o espaço ao seu redor na sua casa ou no jardim — ou até mesmo em uma cela de prisão ou em uma enfermaria de hospital.

Não examine nada; simplesmente conscientize-se dos objetos e dos espaços que o cercam.

Saboreie estar ali naquele momento.

Esse estado de consciência é tão agradável, que pode ser que você deseje praticá-lo diversas vezes ao longo do dia e, com certeza, no início e no final de cada dia, mesmo que seja por alguns poucos instantes.

Muitos podem dizer que estou escrevendo sobre meditação. Contudo, sou avesso a usar essa palavra, pois descobri que, às vezes, ela é muito mal compreendida e freqüentemente faz surgir o preconceito. De fato, para alguns, a vida se tornou apenas outro "assunto" a ser estudado, ou um problema a ser resolvido, mas isso nunca trará real contentamento. A vida é um mistério a ser explorado, e isso nos faz muito felizes. Não vamos passar o tempo todo procurando respostas.

Eckhart Tolle, talentoso mestre e autor, usou o termo "vida saudável" e essa é a melhor expressão que já ouvi para indicar a totalidade da experiência de aprender a

ter uma mente serena que esteja cada vez mais alerta. Com o passar do tempo, as nossas emoções mais serenas e o nosso corpo mais saudável freqüentemente darão testemunho da nossa condição mental melhorada ou da nossa vida saudável. Contudo, não devemos objetivar essas mudanças; devemos simplesmente aprender a olhar para elas como surpresas agradáveis que surgem ao longo do caminho.

Entrego-o à serena presença do Outro; alguém que está além da descrição, mas que é conforto silencioso para todos os que dependem da vida interior que ilumina os que chegam ao mundo.

# OUÇA O SILÊNCIO

Foi bastante enfatizada em todo este livro a questão do silêncio. Provavelmente, isso se deu porque o silêncio desempenhou um papel fundamental no meu desenvolvimento; mas reconheço mais uma vez que há outras maneiras de se chegar à serenidade interior, e cada pessoa deve encontrar os meios que lhe sejam mais adequados.

Quando nos referimos a entrar no silêncio, é importante entender que não estamos *dando ouvidos* ao silêncio ou tentando encontrar alguma coisa que esteja perdida. O silêncio está sempre ali, mesmo quando existe uma grande atividade fora de nós e dentro de nossa mente. O silêncio e o barulho podem existir ao mesmo tempo. Se não entendermos isso, vamos achar que estamos tentando aquietar os nossos pensamentos insistentes ou mudar nossa situação física com o objetivo de descobrir o silêncio interior.

A tempestade pode rugir ao nosso redor, mas intimamente estaremos repousando com tranqüilidade no sereno olho do furacão. Não há razão para tentar resistir à tempestade abrindo uma saída à força, pois aquilo a que resistimos persiste. Esse fato é certamente digno de repetição por um momento de calma contemplação:

## AQUILO A QUE RESISTIMOS PERSISTE.

Precisamos deixar que essa declaração penetre lentamente nos nossos sentidos. Reconhecer essa verdade pode muito bem ser o início da aceitação ou de "seguir com a corrente", uma experiência sobre a qual muitas pessoas falam, mas poucas são capazes de praticar. Sentir-se tenso para lutar contra os problemas simplesmente intensifica as coisas. Precisamos de uma garantia interior, vinda de um poder maior dentro de nós que espera que nos coloquemos de lado.

Haverá momentos quando desejaremos buscar um lugar sereno, ou levantar cedo para experimentar a calma do dia antes que o burburinho da vida diária se inicie. O silêncio e a serenidade que buscamos, porém, podem ser encontrados no aqui e no agora. Ao redor dos nossos pensamentos ocupados existe uma amplidão que pode ser localizada sem esforço. O silêncio e essa amplidão são um. Eles estão sempre lá. O simples ato de reservar um momento para ter

consciência disso, ainda que seja por poucos segundos, traz instantaneamente serenidade e paz interiores.

Não sejamos ambiciosos e não estejamos preocupados com o fato de a nossa experiência durar apenas esse pouco tempo; sejamos agradecidos, e estaremos plenamente conscientes todas as vezes que quisermos nos sentir assim. O velho adversário, a "busca pelo desempenho", está sempre pronto a sussurrar que o nosso silêncio não durou o tempo suficiente; podemos observar, porém, a nuvem diáfana desse pensamento e simplesmente deixar que ela passe por nós. Vozes acusadoras nunca ajudam. Com o tempo, aprendemos a sorrir diante delas e a deixar que nosso silêncio coexista com elas. Ao permitir que mais tempo se passe, vemos que estamos cada vez mais conscientemente presentes neste momento e que estamos desfrutando de um "melhor padrão de vida" no sentido mais verdadeiro da palavra.

Desde criança conheço um ditado que diz mais ou menos isto: "Grandes carvalhos nascem de pequenas bolotas." Tornando o ditado mais cotidiano, podemos dizer: "As grandes árvores nascem de pequenas sementes." Talvez seja isso que precisa acontecer com você. Pode ser bom fazer uma pausa todas as vezes que passarmos perto de uma árvore e nos lembrarmos do milagre de que tanta coisa surgiu a partir de tão pouco. Levou tempo. E a árvore permaneceu serena em cada um dos estágios de seu crescimento; não havia nada de errado com tudo aquilo, pois houve um tempo em que ela simplesmente não era tão grande. Tudo aconteceu com perfeição durante todo o tempo. É isso que se passa conosco, mas não temos consciência disso. Isso é tudo. E nosso comportamento baseia-se nessa falta de percepção. Podemos estar serenos a todo instante para perceber que estamos crescendo rumo à consciência do que já é verdadeiro em nosso íntimo.

Ao lermos vagarosamente, fazemos novamente nossa pausa de maneira deliberada.

O silêncio e a amplidão estão ao redor de nós e dentro de nós.

Não estamos tentando ter nenhuma grande experiência, mas simplesmente fazer uma pausa.

Podemos sentir isso ao nos conscientizarmos de nossa respiração ligeiramente mais profunda.

Não há pressa. Não estamos tentando entender nada profundamente. Estamos descontraídos.

Estamos conscientes dos nossos braços e pernas; eles estão pesados e aquecidos.

Estamos conscientes do nosso peito. Nossa respiração é calma e profunda. Nosso coração bate mais devagar.

Estamos serenos. Neste momento, estamos em paz. Ficaremos aqui por um instante.

Seja o que for que esteja acontecendo em volta de nós ou dentro de nós, por alguns poucos minutos estamos aceitando o ruído e permitindo que o silêncio ao nosso redor deixe sua impressão sobre o nosso sentimento. Estivemos *enxergando* através de tudo o que está ao nosso redor e *ouvindo* além de qualquer ruído. Relaxamos, sem fazer nada. Estivemos *conscientes* por um curto período de tempo. Para lembrar o nosso exemplo anterior, estivemos nos considerando "mortos" a todo ruído agitado e a toda atividade em torno de nós e dentro da nossa mente. Vamos considerar que o que agora conhecemos é definitivamente verdadeiro — que o silêncio e a serenidade estão ali, apesar de todas as evidências serem aparentemente contra isso. Sem esforço, continuaremos a dar as boas-vindas ao silêncio todas as vezes que desejarmos fazer isso.

Estamos contentes até mesmo com um pequeno gosto dessa condição de descanso e não queremos bater nenhum recorde. Mais e mais a cada dia, podemos simplesmente fazer uma pausa nas nossas atividades e nos concentrar em nada em particular. Mais uma vez, pode ser útil mover a cabeça vagarosamente ao fazer isso, como se estivéssemos vagamente analisando tudo o que está em nosso campo de visão. Não estamos dando nomes ao que vemos, mas estamos *vendo através* dos objetos mais uma vez e permitindo a nós mesmos nos conscientizar do silêncio. Estamos atentos, mas sem nenhum esforço. A qualquer momento, se sentirmos que algo está nos apressando, poderemos tomar a decisão de fazer uma pausa e mudar o passo de nossa vida. Quando estou no meio de um trânsito muito intenso a ponto de precisar parar, ou quando sinto que o estresse está bem próximo de mim, ou mesmo quando estou me barbeando — o que procuro fazer rapidamente por não gostar do ritual de cada manhã

— é comum fazer propositadamente uma pausa. É sempre compensador observar-me no espelho, simplesmente ao parar por um instante; automaticamente começo a respirar de maneira mais profunda. Um leve sorriso surge, invariavelmente, sem que eu precise fazer nenhum esforço.

Se aprendermos uma nova maneira de viver nessas pequenas coisas da vida, com o tempo, as coisas maiores cuidarão de si mesmas. Estamos praticando a presença do reino Eterno que prossegue de modo silencioso, sem que seja afetado pela desordem da situação caótica do mundo em que podemos nos envolver. Com um pouco mais de tempo, seremos cada vez menos afetados pela pressão constante; nossa vida será claramente calma e estaremos conscientemente aqui, neste presente momento. Arrependimentos do passado e preocupações com o futuro começam a desaparecer. Estamos plenamente vivos. Se não estivermos ocupados, mas tivermos tempo nas mãos, em vez de procurar coisas para fazer, podemos nos sentar e relaxar serenamente, ou simplesmente andar bem devagar, conscientes dos milagres que ocorrem ao nosso redor.

Se você sentir vontade de fazer isso, talvez seja bom ler todo este capítulo de novo. Ainda mais devagar.

# TUDO É

Quando, ao final de uma hora de relaxamento, surgiu dentro mim a expressão "tudo é", ela me trouxe um profundo sentimento de bem-estar. Eu não queria me mover, mas o café-da-manhã já estava pronto. Esse senso de serenidade não me abandonou, mesmo depois de algumas horas e, assim, fui até o computador para ver se conseguia escrever algumas palavras.

Não é fácil escrever logo cedo; pode acontecer de passar para os outros alguma coisa que não seja realmente o sentimento de quem escreve. Na pressa de relatar uma experiência, há o risco de ela se perder para quem a viveu. Coisas valiosas precisam ser guardadas por seu próprio valor. Contudo, hoje estou correndo o risco, e talvez fazer isso aumente a minha compreensão.

Imagino que a pergunta imediata que muitas pessoas farão seja provavelmente: "tudo é *o quê?*", embora essa pergunta nunca tenha surgido em minha mente. De algum modo, em meu íntimo, eu sabia que a pequena frase era completa em si mesma. Talvez a maneira pela qual as palavras se apresentaram me tenha encorajado a grifar a terceira pessoa do singular do verbo ser: *é*.

É isso, não é? Tudo simplesmente *é*. Até mesmo contemplar a declaração provoca-me o desejo de relaxar um pouco mais, estendendo gentilmente meus braços e abrindo a palma da mão; tirar as minhas mãos da vida e deixar que ela aconteça. É impossível segurar qualquer coisa com as mãos abertas e isso parece o símbolo de não se possuir nada, ainda que estranhamente se tenham todas as coisas. Posso desfrutar de qualquer coisa sem medo de ser roubado ou ferido. Até mesmo a dor e a perda podem ser apreciadas e podem adicionar valor à nossa vida, como uma autêntica lasca de experiência em uma peça genuína de mobília antiga.

Nunca entendi de fato os místicos antigos quando eles falavam da qualidade do "ser". Não, até que a própria experiência me pegou de surpresa. Oh, eu tinha conhecimento dela, já tinha ouvido as palavras muitas vezes, mas agora ela havia se tornado uma parte integral da substância do meu ser e eu me senti completamente bem com ela ali. "Tudo é, tudo é, tudo é." Consegui saborear as palavras sem precisar de explicação. Eu não estava considerando a teoria filosófica do existencialismo, mas alguma coisa havia acontecido comigo e isso jamais pode "desacontecer".

Para que uma experiência mude radicalmente a nossa vida, precisamos estar presos na dependência da revelação de uma fonte muito mais elevada. Desse modo, ninguém está em desvantagem; professores e pessoas analfabetas têm igual acesso à mente do universo, que nunca foi nem nunca será, mas sempre é.

Tudo é. Não precisamos dos itálicos agora. Nós somos — e sabemos que somos — parte do é.

# PROSSIGA SEM PREOCUPAÇÃO

Com o passar dos anos, alguns amigos meus adotaram pseudônimos de animais que vivem nas margens dos rios (muitos deles extraídos do livro *O Vento nos Salgueiros*, de Kenneth Grahame). Suponho que tudo tenha começado com a minha escolha de um endereço de correio eletrônico — toupeirasmith@... Não demorou muito para que surgissem Sapo, Rato e Texugo. Um simpático Porco-Espinho aceitou nosso convite para participar de um *chat* e até mesmo descobrimos que Rupert — uma personagem de histórias inglesas — havia passado pela beira do rio, vestido com uma elegante calça xadrez e um cachecol no pescoço. Nós o deixamos ficar porque ele é um urso muito elegante!

Todos esses queridos animais foram libertos da adoração pelo sucesso e pela precisão. Eles estão livres da opinião pública e conseguem mostrar-se despreocupados, sem qualquer inibição. Bem, isso na maior parte do tempo. O Sapo encerrou sua mensagem escrevendo "Prossiga sem preocupação", quando estava se correspondendo com seus amigos da margem do rio. Alguns anos atrás, outro amigo nosso — que gosta de ser chamado de Coruja — escreveu uma bela canção com o título *Eu não me importo!*. Naturalmente, isso foi pouco compreendido por muitos dos que fazem parte do nosso grupo, embora a canção se baseasse nas palavras de Jesus quando exortou os seus amigos a "não se preocuparem com coisa nenhuma". Precisamos de ouvidos que ouçam corretamente, e isso provavelmente significa livrar-nos de atitudes pedantes e, assim, nos tornar capazes de ouvir o que o coração está dizendo.

Na condição de uma toupeira bem frágil, lembro-me de que quase me meti em encrenca com um amigo jogador de *rugby*, na Holanda, quando, informalmente, fiz o seguinte comentário:

— Bem, nada é importante, não é?

Prontamente, ele respondeu:

— Importaria se eu lhe desse um soco no nariz!

Tratava-se de um velho amigo e ele logo entendeu o que eu quis dizer, e acrescentou:

— Em última análise, nada é *realmente* importante — ou, para fazer uso das famosas palavras da senhora Juliana de Norwich, "tudo ficará bem e todo tipo de coisa ficará bem".

Não estou defendendo o descuido irresponsável, apenas apresentando uma abordagem à vida que seja mais descontraída, livrando-nos de todo esforço, aceitando esse momento como ele é, quer ele traga dor ou surpresas agradáveis. Naturalmente, não escolhemos a dor, mas não nos importamos *realmente* com o tipo de dor que ela é; *em última análise*, isso não importa.

Alguns anos atrás, Sapo encontrou a tradução de um versículo do Salmo 46 que dizia "Relaxe e saiba que eu sou Deus", e todos nós respondemos animadamente. "Eu sabia que isso estava em algum lugar", brincou a travessa criatura. Certamente, lá no fundo, todos nós sabemos que é melhor relaxar do que lutar e debater-se. Ao vislumbrarmos a misteriosa descoberta de que

**TUDO, DE ALGUMA FORMA, ESTÁ INTERLIGADO VISANDO AO NOSSO BEM DERRADEIRO,**

trazemos uma abordagem de mais tranqüilidade à agitação que está ao nosso redor e dentro de nós, em conseqüência da velocidade cada vez mais crescente da vida do século XXI que ameaça nos engolir.

Será que podemos simplesmente permanecer serenos por alguns poucos momentos finais juntos e dar a esse *insight* libertador uma chance de nos abraçar? Certamente a razão não produzirá isso, mas, conforme descansamos nossa mente sobrecarregada, o senso da presença ou da consciência divina talvez possa fazê-lo. Senão, talvez, quando for o tempo certo, ele nos encontrará. Porém...

## AINDA PODEMOS RESPIRAR PROFUNDAMENTE AGORA MESMO

e começar a relaxar e fazer uma pausa outra vez. Esse é um hábito muito salutar.

Conforme viajamos juntos pelas páginas deste pequeno livro, foi minha constante esperança que a falta de esforço se mostrasse contagiante. Não tenho esperança de que uma toupeira com pouco desenvolvimento no lado esquerdo do cérebro possa apresentar um conteúdo muito intelectual, mas sei que a paz que encontrei, juntamente com meu contentamento com as coisas como elas são, vão desaparecer... se você não for cuidadoso!

# APÊNDICE

O que dizer sobre religião em tudo isso? Para os que estão acostumados à prática da oração, pode ser uma surpresa permanecer sereno e não pedir coisa alguma ou continuamente despejar fora os problemas. Em minha experiência, as palavras tornaram-se redundantes e eu me senti compelido a deixar de usá-las. Agora, sinto-me atraído a simplesmente trazer outros comigo para o senso de serenidade — chame isso de presença de Deus, se for melhor para você — uma prática que tem sido ricamente compensadora.

Durante a maior parte da minha vida, fiquei conhecido como cristão, embora francamente não sinta necessidade de nenhum rótulo. Não sou isso ou aquilo; sou simplesmente Maurice, alguém que não se apega firmemente a um conjunto específico de crenças, mas que sabe apenas o que experimentou.

Durante os anos que passei dentro de um sistema religioso estruturado, parecia que sempre havia uma situação de "nós" e "eles", e isso era determinado pelo que cada um de nós cria ou não cria em relação às Escrituras. Contudo, uma das declarações atribuídas a Jesus continuava a me perturbar. "Vocês os reconhecerão por seus frutos". Acabei tendo de reconhecer que eu podia ver tantos — às vezes mais — "frutos" na vida das pessoas de outras religiões ou das que não tinham religião nenhuma.

Felizmente, esse dilema foi plenamente resolvido para mim quando, por fim, deixei de rotular e julgar outras pessoas. As pessoas podem crer no que gostam, contanto que não tentem me converter à sua maneira de pensar. Se sua vida é suficientemente atraente, os outros serão levados a tentar descobrir o que está por trás disso. É bem provável que esta não seja uma explicação satisfatória para muitos, mas, na minha experiência, é a forma mais satisfatória de viver.

Sinto falta agora de estar presente aos serviços religiosos da igreja (templo, tabernáculo, mesquita)? Francamente, não. Embora os prédios possam ser inegavelmente belos e até mesmo inspiradores, eles nunca foram muito importantes para mim; várias décadas de reuniões certamente foram mais do que suficientes. Eu sempre achei que a "igreja" eram as pessoas, não o lugar de encontro ou o fato de elas se congregarem em uma grande multidão. De algum modo, eu sempre soube que nunca perderia os verdadeiros amigos ou meus relacionamentos genuínos, quer eu freqüentasse um lugar de adoração ou não.

Há alguns anos, eu cunhei espontaneamente o termo "a igreja nebulosa" — minha descrição da nossa vida de envolvimento com pessoas que estão sempre evoluindo, uma parte da constante mudança que veio para ficar. Simplesmente não é possível detalhar isso. É como eu vivo, mas não necessariamente como eu acho que você deveria viver. Confrontada por uma pergunta sobre a questão de preferências, uma das Irmãs de Maria certa vez respondeu de maneira encantadora: "Seja o que for que o alegre." Isso é uma expressão que se encaixa de maneira muito agradável em meu ser. Naturalmente, tenho meus sentimentos em relação às práticas religiosas, mas eles não são nem sequer dignos de discussão. Amar uns aos outros e apreciar o que pudermos a todo instante é uma ênfase mais construtiva e menos divisiva, ou pelo menos assim me parece.

A crença dogmática nas palavras exatas das Escrituras de qualquer religião sempre me pareceu muito inútil — para dizer o mínimo —, e freqüentemente obscurece um significado mais verdadeiro. Um pequeno exemplo de minha história passada: sempre tive problemas com a afirmação do Novo Testamento que diz que "o amor crê em tudo". Eu simplesmente não conseguia aceitá-la, até o dia em que descobri uma nova interpretação — uma abordagem que achei mais útil do que a tradução rígida — que diz: "O amor coloca a melhor construção possível em todas as coisas." O amor crê no melhor? Isso se mostrou completamente verdadeiro para mim, e toda a confusão foi rapidamente dissipada.

Se não pudermos concordar nessas questões, está tudo bem e, de maneira bastante feliz, reafirmo: "Seja o que for que o alegre." Suponho que alguns permanecerão em seu sistema religioso e que outros vão deixá-lo. É possível que alguns jamais queiram se juntar a qualquer coisa que seja. Que sejamos verdadeiros para nós mesmos e que amenos a humanidade por todos os nossos dias.

Seja você quem for, creia ou não no que for, eu apenas posso concluir encorajando-o mais uma vez de maneira gentil a permanecer sereno, tanto agora quanto em todo o tempo. Então, mais uma vez, deixemos o tempo passar e, conscientemente, experimentemos o que vem a seguir.

A paz e a serenidade interiores, às quais repetidamente me referi, não são a ausência de alguma coisa, mas a presença do Nada, do imaterial.

Nossa mente não nos governa mais, mas é nossa para que a usemos em um acordo pacífico com o nosso Ser mais íntimo.

Todos os conceitos se foram.

Não precisamos explicar nada agora, pois a experiência é suficiente.

Não há nada a provar e nada a perder.

Esta é a vida para a qual fomos criados.

Tudo será o que for.

Nós deixaremos para lá.

Estamos serenos.

Estamos em paz.

Este livro foi composto em Bodoni 12/18 e
impresso pela Gráfica Ediouro sobre papel Couchê
fosco 115g para a Thomas Nelson Brasil em
novembro de 2007.